Karl der Große und der Pseudo Turpin

Wie haben Turpins fiktive Schilderungen zur Förderung und Begründung des Kreuzzugsgedankens beigetragen?

Bibliografische Information der Deutschen Nationalbibliothek:

Die Deutsche Nationalbibliothek verzeichnet diese Publikation in der Deutschen Nationalbibliografie; detaillierte bibliografische Daten sind im Internet über http://dnb.d-nb.de abrufbar.

ISBN: 9783389041536
Dieses Buch ist auch als E-Book erhältlich.

© GRIN Publishing GmbH
Trappentreustraße 1
80339 München

Druck und Bindung: Books on Demand GmbH, Norderstedt Germany
Gedruckt auf säurefreiem Papier aus verantwortungsvollen Quellen

Das Buch bei GRIN: https://www.grin.com/document/1487101

Ruhr Universität Bochum
Historisches Institut
Seminar: Herkunftsmythen und genealogische Fiktionen des Mittelalters
Modul 3

SS 2022/23

Seminararbeit

Karl der Große

-Wie haben Turpins fiktive Schilderungen zur Förderung und Begründung des Kreuzzugsgedankens beigetragen? -

Geschichte, Germanistik (B.A)
3. Fachsemester/ 4. Fachsemester

Inhaltsverzeichnis

1. Einleitung

Karls der Große, als historische Gestalt auch bekannt als Charlemagne, gilt als einer der bedeutendsten Herrscher des Mittelalters. Seine herausragende Rolle in der Geschichte des europäischen Kontinents ist untrennbar mit dem Aufstieg des Christentums und der Entstehung des Kaisertums verbunden. Zahlreiche historische Quellen, darunter die berühmten Vita Karoli Magni von Einhard und die Aachener Vita Karoli Magni, haben die Herrschaft und das Leben Karls des Großen aus verschiedenen Perspektiven beleuchtet. Im Rahmen dieser Seminararbeit wird sich eingehend mit der Fragestellung beschäftigt, inwiefern der sogenannte Pseudo-Turpin (PT) zur Begründung und Förderung des Kreuzzugsgedankens beigetragen hat und dabei wird speziell die Darstellung von Karl dem Großen in diesem literarischen Werk untersucht. Der Pseudo-Turpin, auch bekannt als Historia Karoli Magni et Rotholandi, ist eine mittelalterliche Fälschung, die die fiktiven Taten Karls des Großen und anderer Persönlichkeiten des 9. und 10. Jahrhunderts beschreibt. Die Entstehung und Merkmale dieses Werks sind von besonderer Bedeutung, da sie eine fiktive Erweiterung der ursprünglichen Vita Karoli Magni darstellen. Das vorliegende Papier gliedert sich in mehrere Hauptabschnitte, um eine umfassende Untersuchung der Thematik zu gewährleisten. Zunächst werden wir uns in den Abschnitten 2 und 3 mit der Vita von Einhard und der Aachener Vita auseinandersetzen, um die historischen Quellen zu beleuchten und die Darstellung Karls des Großen in diesen Texten zu analysieren. In Abschnitt 4 werden wir uns den Bestandteilen des Pseudo-Turpins widmen und dessen Entstehung näher betrachten. Abschnitt 5 und bietet eine Grundlage, um den Kreuzzug Karls als Mythos im Pseudo-Turpin zu entlarven. Anschließend widmen wir uns im Abschnitt 6 der Heiligsprechung Karls des Großen und beleuchten den Einfluss dieses Ereignisses auf das mittelalterliche Kreuzzugsdenken. Abschnitt 7 geht auf das Bild des christlichen Rittertums näher ein. Abschließend wird im Fazit eine Zusammenfassung der Erkenntnisse präsentiert, die sich aus der Untersuchung der Vita Karoli Magni, der Aachener Vita und des Pseudo-Turpin ergeben haben. Die gewonnenen Erkenntnisse sollen dazu beitragen, die Rolle des Pseudo-Turpin bei der Förderung und Begründung des Kreuzzugsgedankens mit Bezug auf die Person Karls des Großen besser zu verstehen. Mit dieser strukturierten Herangehensweise und Analyse hoffe ich, einen

Beitrag zur Erforschung der mittelalterlichen Geschichtsschreibung und der Rolle der literarischen Fiktion bei der Gestaltung des historischen Bewusstseins zu leisten. Durch die sorgfältige Betrachtung der genannten Aspekte erwarte ich, neue Erkenntnisse über die Wahrnehmung Karls des Großen zu gewinnen und einen tieferen Einblick in die komplexen Zusammenhänge zwischen literarischer Präsentation und historischer Realität zu erhalten.

2. Einhards Vita Karoli Magni

Um 830 verfasste Einhard eine grundlegende Biografie Karls des Großen. Einhard galt als Berater und Freund des Kaisers und wurde außerdem häufig mit der Erfüllung politischer Aufträge befasst. Beginnend mit einer knappen Schilderung des Niedergangs der Merowinger und dem Erstarken der Hausmeier widmet sich Einhard den Entwicklungsphasen Karls von dessen Kindheit bis hin zu seinen Ehen und seinem Erziehungskonzept den eigenen Kindern gegenüber. Er schildert Karl als äußerst freigiebig, als nüchternen, redegewandten, an Kunst und Religion interessierten Menschen. Die Feldzüge gegen die Aquitanier, Langobarden, Spanier, Bayern und Sachsen finden Eingang in Einhards Werk. Dieses schließt mit einer Beschreibung des Todes Karls unter Erwähnung der Umstände seines Begräbnisses und seines Testaments. Einhards Biografie kann, was für die zeitgenössische Historiografie und Biografie außergewöhnlich war, als völlig ohne geistliche Absicht geschrieben betrachtet werden.[1]

Wenn im weiteren Verlauf dieser Arbeit Karl als Kreuzfahrer dargestellt und verehrt wird, so lässt sich bei Einhard durchaus eine Begründung für diese Fehleinschätzung finden. Er beschreibt Karls führsorge für die Armen in Syrien, Jerusalem und anderen Orten des Orients, von wo man ihm über die Not von Christen berichtet hatte. Auch Karls Interesse an den zum Heiligen Grab strebenden Pilgern kann zu der Fehleinschätzung beigetragen haben.[2]

In der Vita Karoli Magni von Einhard wird der Spanienfeldzug Karls des Großen beleuchtet, ohne dabei den Terminus "Kreuzzug" zu verwenden. Er beschreibt diesen Feldzug neutral und legt den Fokus auf die militärische Vorgehensweise

---

[1] Zelzer, Michaela: Art. Einhard. Vita Karoli Magni, in: Kindlers Literatur Lexikon (2020), S. 1.
[2] Zelzer, Michaela: Art. Einhard. Vita Karoli Magni, in: Kindlers Literatur Lexikon (2020), S. 2.

sowie die Eroberung von Territorien in Spanien.[3] Einhard hebt vor allem die strategische Bedeutung dieser Kampagne für das karolingische Reich hervor. Dieser Bericht spiegelt die historische Perspektive der damaligen Zeit wider, in der die religiöse Konnotation eines Kreuzzugs noch nicht im Vordergrund stand. Es wird keine explizite religiöse Motivation oder spirituelle Dimension des Spanienfeldzugs erwähnt. Zahlreiche hier gelieferte Fakten erwiesen sich im Laufe jahrhunderterlanger Forschung als authentisch, was für die Nachprüfbarkeit der Einhardschen Texte spricht[4].

3. Aachener Vita Karoli Magni

Kurze Zeit nach der Kanonisation Karls des Großen (1165) wurde die unter der Bezeichnung Aachener Vita Karoli Magni entstandene Schrift *De Sanctitate et gloria miraculorum beati Karoli magni ad honorem et laudem nominis dei* veröffentlicht. Diesem Titel der Schrift sowie dem Vorwort ist eindeutig die Absicht zu entnehmen, diesen Text vorrangig den Eigenschaften und Taten Karls zu widmen, die als Rechtfertigung seiner Kanonisation dienen könnten. Jeder Zweifel an dieser Absicht wird hinfällig, wenn es heißt „die außerordentlichen Taten des seelheiligen Karls aber, und die Geschichte seiner siegreichen Kriege überlassen wir anderen [...]"[5]. Im ersten Band des in drei Bücher gegliederten Werks werden Karls Charakter und seine Verdienste um Kirche und Kaisertum behandelt. Buch II beruft sich auf die in Saint Denis entstandene *Descriptio*, die Karls Zug nach Jerusalem und Konstantinopel und den damit verbundenen Erwerb kostbarer Reliquien behandelt. Das dritte Buch enthält die ersten sieben Kapitel des Pseudo-Turpin, dessen Inhalt Gegenstand der vorliegenden Untersuchung ist. Erzbischof Turpin von Reims leitet seine Ausführungen ein mit einem Brief an den Aachener Dekan Leobrand, in dem Turpin seine Absicht erklärt, durch seine Schriften über Karl dessen Heiligkeit erneut in den Fokus zu rücken.[6] Die Aachener Vita Karoli verwendet neben der *Descriptio* und dem Pseudo-Turpin auch die *Annalen* Einhards, die *Lorscher Annalen*, Thegans *Vita Ludowici Pii*, Reginos von

---

[3] Geith, Ernst-Karl: Carolus Magnus. Studien zur Darstellung Karls des Großen in der deutschen Literatur des 12 und 13. Jahrhunderts, Bern; München 1977, S. 24, im Folgenden zitiert als: Geith: Carolus Magnus.
[4] Geith: Carolus Magnus, S. 25.
[5] Helmut und Ilse Deutz: Die Aachener „Vita Karoli Magni" des 12. Jahrhunderts (Veröffentlichung des Bischöflichen Diözesanarchivs Aachen, 48), Siegburg 2002, S.59, im Folgenden zitiert als: Deutz: Die Aachener „Vita Karoli Magni" des 12.Jahrhunderts.
[6] Geith: Carolus Magnus, S.27.

Prüm *Chronicon*, das *Chronicon Anianesne*, Hugo von Fleurys *Historia ecclesiastica* sowie die *Aegidius-Legende*[7].

Über den ersten Kaiser aus dem Geschlecht der Franken schreibt die *Aachener Vita*, dass dieser „mehr als alle Könige der Franken vor ihm seines Reichtums, seines Ruhmes, seiner Ehre und seines Titels wegen hochgeschätzt"[8] worden sei. Die Bedeutung Karls erklärt die Schrift wie folgt: „denn die Hand Gottes war mit ihm, und alles, was er tat, führte durch göttliche Fügung zum Erfolg"[9]. Gerühmt wird Karls Barmherzigkeit und sein Kampf gegen den Hochmut sowie sein Verhalten im Triumpf eines Sieges, welches darauf abzielte, „die Unterworfenen zu schonen und niederzukämpfen die Trotzigen"[10]. Buch II berichtet mit Nachdruck über Karls Zug nach Jerusalem. Der Bericht schildert zunächst die Gründe und die vom Himmel empfangene Offenbarung, welche Karl zu seinem Aufbruch nach Jerusalem bewegten. Unter Berufung auf das Neue Testament (Joh. 14,27) habe es ihn gedrängt „in fast allen angrenzenden Gebieten weit und breit"[11] den Frieden im Sinne des christlichen Glaubens zu verteidigen, wobei er „mit Gottes Hilfe immer Sieger"[12] geblieben sei und er „überall nach kurzer Zeit ansehnliche Kirchengüter"[13] habe zurückerstatten können. Im weiteren Verlauf dieses Buches wird auf verschiedene Wundertaten eingegangen, welche angeblich von Karl bewirkt worden seien.

4. Entstehung und Rezeption des Pseudo Turpin

Nachdem der Text des Bischofs Turpin von Reims (*748-751/ 794) bis ins 17. Jahrhundert als authentischer Bericht über das verdienstvolle Leben Kaiser Karls gegolten hatte, begann die Wissenschaft Mitte des 19. Jahrhunderts damit, den Text auf seine Authentizität hin zu überprüfen und um 1865 prägte der französische Forscher Gaston Paris aufgrund seiner Erkenntnisse den Begriff des Pseudo Turpin.[14] Erzbischof Turpins Chronik kann als Kompilation aus Elementen der Jakobsverehrung und der Karls- und Rolandslegende betrachtet werden. Turpin

---

[7] Geith: Carolus Magnus, S.27.

[8] Deutz: Die Aachener „Vita Karoli Magni" des 12. Jahrhunderts, S. 77.

[9] Deutz: Die Aachener „Vita Karoli Magni" des 12. Jahrhunderts, S. 77.

[10] Deutz: Die Aachener „Vita Karoli Magni" des 12. Jahrhunderts, S. 85.

[11] Deutz: Die Aachener „Vita Karoli Magni" des 12. Jahrhunderts, S. 137.

[12] Deutz: Die Aachener „Vita Karoli Magni" des 12. Jahrhunderts, S. 137.

[13] Deutz: Die Aachener „Vita Karoli Magni" des 12. Jahrhunderts, S. 137.

[14] Hämel, Adalbert: Der Pseudo-Turpin von Compostela, in: Bayerische Akademie der Wissenschaften (1965), S. 9.

selbst behauptete, der Schlacht von Roncevaux entkommen zu sein. Der Pseudo Turpin erschien erstmals im *Liber Sancti Jacobi*, wo er als Schrift zum Schutz der Pilger auf dem Weg nach Compostela zu interpretieren ist. Als selbstständiges Werk erfuhr der Pseudo Turpin später große Verbreitung sowohl in seiner lateinischen als auch in der deutschsprachigen Fassung. [15]

Die oben genannten drei Teile des Turpin Berichts befassen sich in erster Linie mit dem Kampf gegen den islamischen Gegner. Herbers wertet dies wie folgt: „So wie die Karlsepik in enger Verbindung mit dem Kreuzzugsgedanken steht, darf auch für den Pseudo-Turpin die Kreuzzugsidee als leitendes Thema angesehen werden"[16]. Dafür seien zwei Leitgedanken verantwortlich, zum einen das Bedürfnis, die Stätten des Urchristentums als Pilgerfahrt aufzusuchen, zum anderen der Gedanke der ritterlichen Verpflichtung, das eigene Tun dem Dienst an der Kirche unterzuordnen. Da in Spanien keine heiligen Stätten im genannten Sinne vorhanden waren, lassen sich Turpins Ausführungen als Referenz auf das „Karlsthema mit dem Jakobuskult"[17] und dem damit verbundenen Begriff des heiligen Kriegs und seinem Zusammenhang mit der Ritterethik deuten. In Kapitel 1 wird berichtet, wie Karl der Große in einem Traum vom heiligen Jakobus beauftragt wird, Spanien vom sarazenischen Einfluss zu befreien und so Zugang zum Grab des heiligen Jakobus zu schaffen.[18] Die dann folgenden Kapitel befassen sich mit Karls Durchführung seines heiligen Kriegs. Hier nimmt Turpin Bezug auf die unter dem Begriff der „Reconquista"[19], einer geschichtlich relevanten Wiedereroberung der durch Moslems besetzten Gebiete Spaniens[20]. Es wird deutlich, wie Turpin Vermutungen und Pseudo-Fakten mit historischen Wahrheiten vermischt. Da in der zweiten Hälfte des 11.Jahrhunderts den Kämpfen der Reconquista durchaus Kreuzzugsähnlichkeit zugesprochen wurde, scheint eine Auswertung des Pseudo-Turpin zu dieser Zeit in diesem Punkt nur logisch. Der Begriff der Kreuzzüge wird von Goni Gaztambide unter folgenden Aspekten definiert: Kreuzzüge seien vom Papst anerkannte heilige Kriege und verbunden

---

[15] Geith: Carolus Magnus, S.26-27.

[16] Herbers, Klaus: Der Jakobuskult des 12.Jahrhunderts und der „LIBER SANCTI JACOBI". Studien über das Verhältnis zwischen Religion und Gesellschaft im hohen Mittelalter, Wiesbaden 1984 (Historische Forschungen, 7), S. 126, Im Folgenden zitiert als: Herbers: Der Jakobuskult des 12.Jahrhunderts und der „LIBER SANCTI JACOBI".

[17] Herbers: Der Jakobuskult des 12.Jahrhunderts und der „LIBER SANCTI JACOBI", S.126.

[18] Herbers: Der Jakobuskult des 12.Jahrhunderts und der „LIBER SANCTI JACOBI", S.126.

[19] Herbers: Der Jakobuskult des 12.Jahrhunderts und der „LIBER SANCTI JACOBI", S.127.

[20] Herbers: Der Jakobuskult des 12.Jahrhunderts und der „LIBER SANCTI JACOBI", S.127.

seien damit die Versprechen eines Ablasses.[21] Interessant in diesem Zusammenhang dürfte sein, dass spanische Quellen im Gegensatz zu fränkischen den tatsächlichen Einfluss Karls im Sinne des Kreuzzuggedankens weitegehend leugnen, wie dies zum Beispiel in der „Historia Silense" (von ca. 1115) geschieht. Dort wird Karls Verdienst relativiert und damit der Bericht des Pseudo-Turpin als irreführend gekennzeichnet.[22] Der Einfluss des Pseudo-Turpin auf die französische Geschichtsschreibung wird dadurch deutlich, dass Turpins Ausführungen in die *Grandes Chroniques de France* eingeflossen sind. Wenn Guy de Bazoches den Kreuzzug von 1069 bis 1099 als „zweite Expedition"[23] bezeichnet, weil doch Karl der Große „den ersten Zug gegen die Türken durchgeführt habe"[24], so erscheint Karl in der französischen Rezeption durchaus als Kreuzfahrer betrachtet zu werden.

Im Folgenden soll das in diesem Kapitel erwähnte *Liber Sancti Jacobi* als Rahmen für die Veröffentlichung des Pseudo-Turpin erläutert werden.

4.1. Das Liber Sancti Jacobi

Das Liber Sancti Jacobi (LSJ) ist ein anonymes Sammelwerk, das in der ältesten Handschrift im Kathedralarchiv von Santiago de Compostela bekannt als Codex Calistinus (CC) enthalten ist. Dieser Codex wird oft dem Autor Papst Calix (II.) zugeschrieben. Das Werk ist in fünf Teile, Buch I-V, unterteilt und von einem Vorspann und einem Anhang eingerahmt. Vor dem Gesamtwerk steht ein angeblicher Brief von Papst Calix (II.), der die Authentizität des Codex bestätigen soll. Dieser Brief ist an den Konvent von Cluny, Wilhelm Patriarch von Jerusalem und Diego Erzbischof von Compostela gerichtet. Pseudo-Calix beschreibt die Entstehungsgeschichte des Buches und nennt die verwendeten Quellen.[25] Er empfiehlt die Teile Buch I und II besonders und schlägt vor, dass bestimmte Abschnitte während der Matutin und der Messen gelesen werden sollen. Buch I

---

[21] Herbers: Der Jakobuskult des 12.Jahrhunderts und der „LIBER SANCTI JACOBI", S. 129.

[22] Herbers: Der Jakobuskult des 12.Jahrhunderts und der „LIBER SANCTI JACOBI", S. 131.

[23] Jaspert, Nikolas: Von Karl dem Großen bis Kaiser Wilhelm. Die Erinnerung an vermeintliche und tatsächliche Kreuzzüge in Mittelalter und Moderne, in: Glaube, Heinz; Schneidmüller, Bernd; Weinfuter, Stefan (Hrsg.): Konfrontation der Kulturen? Saladin und die Kreuzfahrer. Wissenschaftliches Kolloquium in den Reiss- Engelhorn-Museen Mannheim zur Vorbereitung der Ausstellung „Saladin und die Kreuzfahrer" 3. Bis 4. November 2004, 34. Aufl., Mainz am Rhein 2005, S. 144, im Folgenden zitiert als: Jaspert: Von Karl dem Großen bis Kaiser Wilhelm. Die Erinnerung an vermeintliche und tatsächliche Kreuzzüge in Mittelalter und Moderne.

[24] Jaspert, Nikolas: Von Karl dem Großen bis Kaiser Wilhelm. Die Erinnerung an vermeintliche und tatsächliche Kreuzzüge in Mittelalter und Moderne, S. 144.

[25] Herbers: Der Jakobuskult des 12.Jahrhunderts und der „LIBER SANCTI JACOBI", S.16.

bietet Vorlagen und Hinweise für die Liturgie der Festtage zu Ehren des hl. Jakobus. Es ist der umfangreichste Teil des gesamten LSJ und umfasst 225 Blätter.[26] Es beinhaltet Predigten zu den Festtagen, Gebete, Textstellen und Antiphone für den Gottesdienst sowie das Stundengebet. Das Sakramentar mit dem Proprium der Festtagsmessen folgt nach erläuternden Abschnitten. Die Predigten im Lektionarium/Homiliarium haben verschiedene Autoren, darunter Hieronymus, Gregor der Große und Beda Venerabilis. Einige Auslegungen werden den Päpsten Leo und Calixt zugeschrieben, könnten aber vom Kompilator stammen. Die Art der Predigten variiert. Buch II enthält eine ausführliche Darstellung der Apostelgeschichte des heiligen Jakobus. Diese Schrift beleuchtet das Leben und die Taten des Apostels[27]. In Buch III werden die Wundergeschichten des Jakobus dargelegt. Diese Erzählungen betonen seine Rolle als Schutzpatron und die Wunder, die ihm zugeschrieben werden. Buch IV wird nicht dem Pseudo-Calixt zugeschrieben, sondern Erzbischof Turpin gilt hier als Autor. Dieses Buch dient also als Basis für die Forschung zum Pseudo-Turpin.[28] Buch V beschreibt die Pilgerwege nach Santiago de Compostela, die die Jakobuspilger nehmen, um das Grab des heiligen Jakobus zu erreichen. Dieses Buch fungiert als praktischer Führer für Pilger. Das letzte Buch enthält Informationen über Grabesrituale und liturgische Handlungen rund um die Verehrung des heiligen Jakobus. Dieser Abschnitt bietet Anleitungen für verschiedene religiöse Zeremonien und Praktiken.[29]

5. Der Kreuzzug Karls als Mythos

Der Begriff der Kreuzzüge ist heute sowohl im kollektiven Bewusstsein als auch im allgemeinen Sprachgebrauch präsent. Er wird in Bezug auf die historischen Kreuzzüge eingesetzt. Aufgrund unterschiedlicher Aufzeichnungen wurde der Erste Kreuzzug zu einem Mythos. Im Verlauf des historischen Diskurses wurden die zahlreichen militärischen Expeditionen, die entweder zur Eroberung oder Verteidigung der Heiligen Stätten unternommen wurden, vielfach von verschiedenen Päpsten als initiierte Feldzüge gegen die Widersacher der christlichen Glaubensgemeinschaft deklariert. In den Texten wird größtenteils der

---

[26] Herbers: Der Jakobuskult des 12.Jahrhunderts und der „LIBER SANCTI JACOBI", S.17.
[27] Herbers: Der Jakobuskult des 12.Jahrhunderts und der „LIBER SANCTI JACOBI", S.18.
[28] Herbers: Der Jakobuskult des 12.Jahrhunderts und der „LIBER SANCTI JACOBI", S.19.
[29] Herbers: Der Jakobuskult des 12.Jahrhunderts und der „LIBER SANCTI JACOBI", S.20.

„Vorbildcharakter der großen Helden"[30] hervorgehoben. Somit war der Verweis auf die Kreuzzüge mit der Aufforderung zur Imitation verbunden.[31] An dieser Stelle kann auf das von mir ausgewählte Thema eingegangen werden. Ein Mythos von Karl dem Großen als Kreuzfahrer mit der Vorstellung eines guten Vorbilds, eines Wundertäters und Helden entstand. Fiktive Schilderungen von Karl dem Großen, erschaffen von dem Erzbischof Turpin, um dessen Heiligsprechung zu legitimieren und zum Ziel einer Nachahmung zu stilisieren, entwickelten sich im kollektiven Bewusstsein zu Fakten.

Die Nutzung der Kreuzzüge als Mythos diente auch politischen Zwecken. Herrscher und Mächtige nutzten die Erinnerung an die Kreuzzüge, um ihre eigene Agenda zu fördern. Sie schufen Narrative vom christlichen Heldentum, um die Massen zu mobilisieren und Loyalität zu erlangen. Gleichzeitig wurde der Mythos verwendet, um Heiden als Feinde zu dämonisieren und zu dehumanisieren.[32] Außerdem ist es wichtig anzumerken, dass der Mythos der Kreuzzüge nicht frei von Kontroversen ist. Die historischen Fakten zeigen, dass die Kreuzzüge auch mit Gewalt, Eroberung und Unterdrückung einhergingen. Die negativen Auswirkungen auf die betroffenen Gemeinschaften im Nahen Osten können und dürfen nicht ignoriert werden. Dies wirft die Frage auf, wie der Mythos der Kreuzzüge mit den realen historischen Ereignissen in Übereinstimmung gebracht werden kann.[33] Schlussfolgernd lässt sich sagen, dass die Kreuzzüge nicht nur historische Ereignisse waren, sondern auch zu einem Mythos wurden, der tiefgreifende Auswirkungen auf die Kultur, Religion, Politik und Identität hatte. Die romantische Vorstellung von Ritterlichkeit und Heldentum, die politische Instrumentalisierung und die religiöse Symbolik haben den Mythos geformt und weitergegeben. Daher ist es wichtig, den Mythos der Kreuzzüge im Kontext ihrer komplexen historischen Realität zu betrachten und kritisch zu hinterfragen.

6. Die Heiligsprechung Karls des Großen und der Kreuzzugsgedanke

Der Tod des kaiserlichen Gegenpapstes Viktor IV. im Jahr 1164 schien die Möglichkeit einer Beendigung des Papstschismas zu bieten. Jedoch nur zwei Tage

---

[30] Jaspert, Nikoals: Die Kreuzzüge (Geschichte Kompakt- Mittelalter, 6), Darmstadt 2003, S. 161, im Folgenden zitiert als: Jaspert: Die Kreuzzüge.
[31] Jaspert: Die Kreuzzüge, S. 161.
[32] Siberry, Elisabeth. Criticism of Crusading 1095- 1274, Oxford 1985, S. 45- 48.
[33] Tyerman, Christopher: The invention of the Crusades, London 1988, S. 30.

später wurde Rainald von Dassel, seit 1159 Erzbischof von Köln, von Paschalis I. zum neuen Gegenpapst ernannt. Die Ablehnung von Papst Alexander III. blieb bestehen. Rainald von Dassel reiste nach Ostern 1165 im Auftrag des Kaisers zum englischen Hof, um König Heinrich II. davon zu überzeugen sich von Alexander III. abzuwenden. Später auf einem Hoftag in Würzburg leisteten alle Teilnehmer, darunter der Kaiser selbst, einen Eid, Alexander III. niemals als rechtmäßigen Papst anzuerkennen. Dies unterstützte den Gegenpapst Paschalis. Rainald von Dassel erhielt auf Drängen von Kaiser Friedrich Barbarossa kurz darauf die Priesterweihe und wurde im Herbst desselben Jahres zum Bischof geweiht. Dies trug zur Stärkung des Gegenpapstes Paschalis bei.[34]

Einhergehend mit der Heiligsprechung Karls des Großen, die auf einem feierlichen Hoftag in Aachen im Jahr 1165 stattfand, wurde Karl als Schutzheiliger des Kaisertums und des Reiches etabliert. Die Heiligsprechung wurde von Friedrich Barbarossa initiiert und sollte dessen Autorität als Nachfolger Karls des Großen stärken. Ein gefälschtes Dekret Karls des Großen wurde eingefügt, um Barbarossas Anspruch auf die kaiserliche Würde zu untermauern. Die Heiligsprechung Karls des Großen und die damit verbundene Verehrung seiner Verdienste um das Reich und die Kirche dienten Friedrich Barbarossas Ziel, sich als wahrer Nachfolger Karls zu etablieren und seine Machtansprüche zu legitimieren. Dieser Schritt war auch Teil seiner Bemühungen, den Gegenpapst Paschalis III. zu unterstützen und die Rolle des Kaisertums von päpstlicher Abhängigkeit zu befreien.[35]

Die Heiligsprechung spielte eine entscheidende Rolle in der Förderung des Kreuzzugsgedankens und der Vorstellung von heiligen Kriegen im Namen des Christentums. Diese Anerkennung stellte Karl den Großen als einen christlichen Helden und Verteidiger des Glaubens dar. Sie ebnete den Weg für die Verbindung von Religion und Krieg, wie sie im Pseudo-Turpin zum Ausdruck kommt[36]. In den Erzählungen des Pseudo-Turpin über Karl den Großen und seine Kämpfe gegen die Sarazenen werden zahlreiche Wundertaten und göttliche Eingriffe betont. Diese Geschichten unterstreichen die göttliche Erwählung von Karl dem Großen[37] und die göttliche Unterstützung, die er und seine Armee in ihren Schlachten erfuhren.

---

[34] Deutz: Aachener „Vita Karoli Magni" des 12.Jahrhunderts, S. 18-19.
[35] Deutz: Aachener „Vita Karoli Magni" des 12.Jahrhunderts, S. 20-21.
[36] Deutz: Aachener „Vita Karoli Magni" des 12.Jahrhunderts, S. 209.
[37] Deutz: Aachener „Vita Karoli Magni" des 12.Jahrhunderts, S. 57.

Diese Betonung der übernatürlichen Elemente verstärkte die Vorstellung eines heiligen Krieges als göttliche Pflicht und trug dazu bei, die Motivation für die Teilnahme an den Kreuzzügen zu stärken.[38]

Die historische Heiligsprechung von Karl dem Großen und die Wundererzählungen im Pseudo-Turpin zeigen, wie die mittelalterliche Gesellschaft die göttliche Legitimation von Kriegen im Namen des Christentums betonte, was den Kreuzzugsgedanken und die Idee eines heiligen Krieges vorantrieb.

7. Das Bild des christlichen Rittertums

Welches Ritterbild hat Turpin vor Augen, wenn er die Verdienste Karls des Großen beschreibt? Herbers betont, dass im Pseudo-Turpin ein besonderes Interesse den Rittern gewidmet ist, da die Beteiligung von „Rittertum und Königtum [...] gemeinsam am Heidenkrieg"[39] Anteil gehabt hätten. Karls Vorgehen in Spanien diene zwar als Vorbild, die Rolle des christlichen Ritters jedoch sei in diesem Zusammenhang nicht zu unterschätzen. Die Ritter als *„certantes Christi"*[40] strebten nicht nach Vermehrung ihres Besitzes, denn dadurch machten sie sich schuldig und hätten „die Strafe des Himmels"[41] zu erwarten. Der Pseudo-Turpin fordert auch die sexuelle Enthaltsamkeit christlicher Ritter, während sie an heiligen Kriegen beteiligt sind. Eine Übertretung dieses Gebots habe unter anderem zur „Niederlage der christlichen Nachhut in Roncesvalles"[42] geführt. Turpin betont allerdings, dass die betroffenen Ritter bereits durch den Tod ihre Strafe verbüßt hätten und sie folglich den Lohn „himmlische(r) Seeligkeit"[43] erwarten dürften.

Interessant in diesem Zusammenhang ist Turpins Vorstellung in der Ablaßfrage, in diesem Fall auf die Situation der Ritter gemünzt. Für ihn gehören die Begriffe Ablaß und Beichte zusammen. Er stellt fest: „Alle Kämpfer bereiteten sich vor jeder Schlacht mit Beichte und Kommunion auf einen möglichen Tod vor"[44]. Hier wird ein wesentliches Merkmal des christlichen Rittertums deutlich. Von besonderer Wichtigkeit jedoch ist Turpins Überzeugung, dass eine Teilnahme an einem

---

[38] Deutz: Aachener „Vita Karoli Magni" des 12.Jahrhunderts, S. 195.
[39] Herbers: Der Jakobuskult des 12.Jahrhunderts und der „LIBER SANCTI JACOBI", S. 153.
[40] Herbers: Der Jakobuskult des 12.Jahrhunderts und der „LIBER SANCTI JACOBI", S. 136.
[41] Herbers: Der Jakobuskult des 12.Jahrhunderts und der „LIBER SANCTI JACOBI", S. 136.
[42] Herbers: Der Jakobuskult des 12.Jahrhunderts und der „LIBER SANCTI JACOBI", S. 137.
[43] Herbers: Der Jakobuskult des 12.Jahrhunderts und der „LIBER SANCTI JACOBI", S. 137.
[44] Herbers: Der Jakobuskult des 12.Jahrhunderts und der „LIBER SANCTI JACOBI", S. 147.

‚Kreuzzug' mit dem Martyrium gleichzusetzten sei. Die Vorstellung von einem solchen Martyrium galt allgemein als Motor für die Bereitschaft, am Kampf für das christliche Anliegen teilzunehmen. Folgerichtig gelten bei Turpin die Todesopfer in einem solchen Kampf als Märtyrer. Diesen Status erhalte der Ritter auch, der an den Folgen eines Heiligen Krieges stirbt, denn „allein die Teilnahme und die Gefahr des Todes durch den Glaubensfeind"[45] stellten eine gültige Voraussetzung dar. Zur Stützung seiner Überzeugung in diesem Zusammenhang zitiert Turpin einen wundersamen Bewuchs der Lanzen christlicher Kämpfer mit frischem Laub, worin Turpin einen glücklichen Ausgang der bevorstehenden Schlacht vorausgedeutet sah. Die Anerkennung als Märtyrer galt für die Ritter deshalb als so erstrebenswert, weil nur der Märtyrer „unmittelbar nach der Trennung von Seele und Körper Zugang zum Himmel"[46] habe. Im Gegensatz dazu seien alle anderen Erlösten dazu verurteilt, auf das nur dem Märtyrer vorenthaltene Privileg erst am Tag des Jüngsten Gerichtes warten zu müssen[47]. Hier wird deutlich, dass Turpin auf die Wirkung populärer Heilsvorstellungen baut, die in anderen Urkunden zur Teilnahme am heiligen Krieg nicht erwähnt werden. Der Autor Turpin macht also dem Rittertum Versprechungen, die jeder Bestätigung durch andere Autoren entbehren. Diese Versprechungen können durchaus als Werbung für die Teilnahme an heiligen Kriegen verstanden werden. Herbers merkt dazu an: „Hierbei ließ sich im PT ein theologisch-politisches Programm erkennen, das im Zusammenhang mit der Darstellung der islamischen Gefahr in Spanien Aufgaben und Funktion des christlichen Ritters umreißt und zum Kampf gegen den Glaubensfeind aufruft"[48]. Anzumerken ist, dass der Pseudo-Turpin sich vorwiegend auf die Beschreibungen kriegerischer Aktivitäten aus dem säkularen Bereich beschränkt, damit werden die Aspekte der *militia Dei* weitgehend vernachlässig im Gegensatz zu den wiederholten Begriffen aus dem Wortfeld der *militia saecularis*. Daher ist die Bezeichnung der Ritter als *certantes Christi* überraschend. Allerdings können die Textstellen, in denen „der Ritter als Symbol für den Kampf gegen die eigene Sündhaftigkeit erscheinen lassen"[49], als eine Verbindung zum Begriff der *militia Christi* interpretiert werden. Eine Verbindung der Spannungsfelder *militia*

---

[45] Herbers: Der Jakobuskult des 12.Jahrhunderts und der „LIBER SANCTI JACOBI", S. 148.
[46] Herbers: Der Jakobuskult des 12.Jahrhunderts und der „LIBER SANCTI JACOBI", S. 149.
[47] Herbers: Der Jakobuskult des 12.Jahrhunderts und der „LIBER SANCTI JACOBI", S. 149.
[48] Herbers: Der Jakobuskult des 12.Jahrhunderts und der „LIBER SANCTI JACOBI", S. 150.
[49] Herbers: Der Jakobuskult des 12.Jahrhunderts und der „LIBER SANCTI JACOBI", S. 153.

saecularis und *militia Dei* ist also trotz des genannten Schwerpunkts in der *militia saecularis* festzustellen.

Fazit

Zusammengefasst lässt sich festhalten, dass die fiktiven Schilderungen im Pseudo Turpin eine bedeutende Rolle bei der Förderung und Begründung des Kreuzzugsgedankens gespielt haben. Dieser Einfluss zeigt sich in verschiedenen Aspekten: Zunächst ist da die Verehrung Karls des Großen als Kreuzfahrer. Obwohl Einhard in seiner Vita Karoli Magni keine explizite religiöse Motivation für Karls Feldzüge erwähnt, betont er Karls Interesse an heiligen Stätten und Pilgern sowie seine Verehrung heiliger Reliquien. Dies könnte zur späteren Fehleinschätzung beigetragen haben, dass Karl ein Kreuzfahrer gewesen sei. Dann sollte die Figur des christlichen Helden geschaffen werden, indem der Pseudo Turpin Karl den Großen als einen von Gott auserwählten Krieger präsentiert, der göttliche Unterstützung und Wundertaten erfährt. Dies verstärkte die Vorstellung eines heiligen Krieges als christliche Pflicht. Ein weiterer Aspekt ist die Heiligsprechung von Karl dem Großen, initiiert von Friedrich Barbarossa, die dazu beitrug, Karl als christlichen Helden und Verteidiger des Glaubens darzustellen. Die Erwähnung der großen Anzahl der Karl zugeschriebenen Wundertaten waren sicher dem Prozess der Kanonisation zuträglich. Hinzu kommt das gängige Bild des christlichen Rittertums. Der Pseudo-Turpin betonte die Bedeutung der Ritter als Kämpfer für den Glauben und Märtyrer. Dies förderte die Bereitschaft der Ritter, an heiligen Kriegen teilzunehmen. Durch die Hervorhebung der Privilegien, welche einem Ritter im göttlichen Plan zugedacht sind, fördert Turpin die Bereitschaft zum Kreuzrittertum. Zuletzt muss die politische Instrumentalisierung erwähnt werden. Die Nutzung des Kreuzzugsgedankens diente auch politischen Zielen, indem Herrscher und Mächtige die Kreuzzüge als Mittel zur Mobilisierung und zur Legitimierung ihrer Machtansprüche nutzten.

Der Mythos der Kreuzzüge entwickelte sich so zu einem komplexen kulturellen Phänomen mit tiefgreifenden Auswirkungen auf Religion, Politik und Identität. Es ist jedoch wichtig, diesen Mythos kritisch zu hinterfragen und im Kontext seiner historischen Realität zu betrachten. Damit kann ein tieferes Verständnis für die Rolle des Pseudo Turpin bei der Förderung und Begründung des Kreuzzugsgedankens gewonnen werden.

Quellen- und Literaturverzeichnis

Quellen

Helmut und Ilse Deutz neu editiert und übersetzt: Die Aachener „Vita Karoli Magni" des 12. Jahrhunderts (Veröffentlichung des Bischöflichen Diözesanarchivs Aachen, 48), Siegburg 2002.

Literatur

Geith, Ernst-Karl: Carolus Magnus. Studien zur Darstellung Karls des Großen in der deutschen Literatur des 12 und 13. Jahrhunderts, Bern; München 1977.

Hämel, Adalbert: Der Pseudo-Turpin von Compostela, in: Bayerische Akademie der Wissenschaften (1965), S.5-97.

Herbers, Klaus: Der Jakobuskult des 12.Jahrhunderts und der „LIBER SANCTI JACOBI", Wiesbaden 1984.

Jaspert, Nikolas: Von Karl dem Großen bis Kaiser Wilhelm. Die Erinnerung an vermeintliche und tatsächliche Kreuzzüge in Mittelalter und Moderne, in: Glaube, Heinz; Schneidmüller, Bernd; Weinfurter, Stefan (Hrsg.): Konfrontation der Kulturen? Saladin und die Kreuzfahrer. Wissenschaftliches Kolloquium in den Reiss-Engelhorn-Museen Mannheim zur Vorbereitung der Ausstellung „Saladin und die Kreuzfahrer" 3. Bis 4. November 2004, 34. Aufl., Mainz am Rhein 2005, S. 136-148.

Jaspert, Nikolas: Die Kreuzzüge (Geschichte Kompakt- Mittelalter, 6), Darmstadt 2003.

Siberry, Elisabeth: Criticism of Crusading 1095- 1274, Oxford 1985.

Tyerman, Christopher: The invention of the Crusades, London 1988.

Zelzer, Michaela: Art. Einhard. Vita Karoli Magni, in: Kindlers Literatur Lexikon (2020), S.1-3.

BEI GRIN MACHT SICH IHR
WISSEN BEZAHLT

- Wir veröffentlichen Ihre Hausarbeit,
  Bachelor- und Masterarbeit

- Ihr eigenes eBook und Buch -
  weltweit in allen wichtigen Shops

- Verdienen Sie an jedem Verkauf

Jetzt bei www.GRIN.com hochladen
und kostenlos publizieren